Gedankenspiele
für die neue Zeit

# Gedankenspiele für die neue Zeit

Josefa Weindl

Bibliografische Information der Deutschen Nationalbibliothek:
Die Deutsche Nationalbibliothek verzeichnet diese Publikation
in der Deutschen Nationalbibliografie; detaillierte bibliografische
Daten sind im Internet über http://dnb.d-nb.de abrufbar.



Herstellung und Verlag:
Books on Demand GmbH,
Norderstedt

ISBN 978-3-8370-6037-9

Gewidmet
den Leserinnen und Lesern
dieses Buches
und allen Kindern,
den größten Lehrern
der neuen Zeit.


Ich wünsche dir eine spannende Reise
durch das Buch
und viel Glück auf deiner Lebensreise.

# Inhaltsverzeichnis

# Vorwort

Die Gedankenspiele wurden 2005 geboren. Der genaue Geburtsort der Gedankenspiele konnte nicht ermittelt werden. Die Autorin Josefa Weindl nahm sie auf in einen Buchstabengarten für philosophische Belletristik. Seitdem sind sie zu einem Mosaik aus 43 Texten gewachsen. Teilweise sind auch lyrische Tendenzen daraus hervorgegangen.

Die Gedankenspiele in diesem Buch sind so vielfältig wie die Menschen, so verschieden wie Farben und doch haben sie eines gemeinsam: Sie möchten die Leserin / den Leser berühren und dazu verleiten, selbst auch mit den Gedanken zu spielen. Denn dies ist ansteckend, v. a. wenn du beginnst, dein Leben zu leben, anstatt dich leben zu lassen. Viele Menschen versuchen ständig, die Erwartungen anderer Menschen zu erfüllen und vergessen sich dabei selbst.

Die Gedankenspiele sind mutige Töne auf dem Weg in die neue Zeit. Was ist die neue Zeit? Wann beginnt die neue Zeit? Wir befinden uns bereits in der neuen Zeit, in einem Wandel hin zum bewussteren Leben, in dem Werte wie Ehrlichkeit und Menschlichkeit wieder an Bedeutung gewinnen, weil die Menschen sich besinnen und spüren, dass all das, was man ausstrahlt, als Resonanz im Universum zurückkommt.

Von diesen Werten erzählen uns auch die Gedankenspiele. Sie stellen Lebensfragen, erzählen von ihren Erlebnissen und Träumen. Sie singen ein Lied von dir und von dort. Die Gedankenspiele sind gefühlvoll und manchmal unangenehm ehrlich – sie sprechen dich direkt an und laufen dir hinterher. Sie möchten dich vor dem eintönigen Grau des bequemen Alltags retten und dich auf dem Weg in deine Freiheit begleiten. Ihre Ehrlichkeit ist es, was die Gedankenspiele so wertvoll und liebenswert macht. Sie möchten dir die Wahrheit nahe bringen und würden gerne bei dir zu Gast sein.

Die Gedankenspiele wachsen weiter und so entstehen immer wieder neue ihrer Art … vielleicht auch in deinen Gedanken. Das Leben ist da, damit du ihm deine Richtung gibst.

# 1000 Welten

1000 Welten will ich sehn,
durch offene Türen gehn,
keinen Menschen vergessen,
den ich je geliebt,
Bäume pflanzen,
Blumen küssen,
Wasser spüren,
eintauchen in Universen voller Licht,
voll mit Liebe,
fern der Trauer und der Wut.

Verworren sind doch all Gedanken,
zerzaust, zerstört, zerbrochen,
geheilt.
So komm ich ans Licht
und fürchte mich nicht.

Mein Mut lässt mich
zurück in der Einsamkeit;
aber nicht mehr lange.
Ich finde den Weg ins Licht,
spüre es werden.

Es dauert,
aber kommt;
ich weiß,
es ist Zeit,
nun – ich bin bereit
für das Leben.

Ich will es spüren, das Leben,
kann es kaum erwarten,
will es sehen, begreifen, fühlen,
so sein, da sein, im Leben sein,
gehalten sein, getragen sein, eins sein.

Zorn, Wut, Trauer, Furcht,
Schmerz, Angst,
all das lass ich hinter mir;
ich sage ade dazu.

Nun bin ich frei,
frei für das Leben,
das uns doch ewig ist gegeben.
Sonst noch was?

Ja die Liebe …
schmerzt, stillt Sehnsucht,
verzeiht, küsst, sieht, liebt, ist da.
Ich bin.

# Der Baumhausphantast

In einem Baumhaus sitze ich
und vergesse,
dass ich ich bin und du du
und wie im Nu,
tauche ich ein in Phantasie …

Ich bin ein gelber Vogel
und fliege mutig durch die Lüfte,
schnupper als stolze Biene der Blumen Düfte.
Ich hieve als starke Ameise große Lasten
und ohne auszurasten,
geht die Zeit davon.

Sie blieb – ich weiß nicht wo,
ich wünschte, es bliebe immer so.
Ich begann die Welt aus der Sicht
von all ihren Bewohnern und Tieren
zu studieren.

Bei diesem „mit der Welt verbunden sein",
ließ ich mich darauf ein,
wieder in mir ein Kind zu sein.

# Verrücktes Leben

Stille, Dröhnen.
Los! Schnell! Lauf!
Auf und davon!
Die Zeit ist knapp,
sagen dir alle anderen
und was sagst du? Dazu?

Ich weiß nicht.
Kann es nicht einfach
so sein, da sein, alles sein,
verrückt sein?

Ich lasse mir Zeit.
Ich gebe mir Zeit
zum verrückt sein;
ohne verrückt zu werden,
von anderen an eine bestimmte Stelle
gerückt – verrückt – zu werden.

Denn ich weiß jetzt,
wo mein Weg ist.
Ich sehe ihn vor mir,
ganz deutlich, kann ihn spüren.
Er ist so greifbar nah
und doch noch fern
für den Verstand.

Ich vertraue auf dich, o Gott,
du Farbe aller Farben,
du Klang aller Klänge,
du Wort aller Worte,
die je gesprochen wurden.

Du gibst mir ein gutes Gefühl,
ein grenzenloses Gefühl.
Ich bin da und du bist da,
so wie es immer war
und immer ist –
unendliches Sein.

# Das Geheimnis des Universums

Manchmal glaubt ich wünscht ich wär,
hier und dort und nirgendwer.
Einfach da und so geliebt,
wie ich bin.

Die Zeit tickt hier und dort und überall,
auch draußen im ganzen Weltenall.
Kann ich dort Zeit haben für mich?
Ja sicherlich.
An jedem Platz der Erde
kann ich spüren,
wer ich bin und werde.

Das Universum ist mir so nah,
so nah ich es noch niemals sah.
Ich spür die Welt in meinen Atemzügen
und sage tausend Dank dafür.

Es ist das größte Geschenk auf Erden –
zu lieben und geliebt zu werden.

# ... Warten auf das, was kommt

Einst hab ich gewartet
auf einen Ort, wo ich sein darf.
Ich habe ihn gefunden auf der Erde.
Ich habe gewartet auf das Fläschchen als Baby,
geduldig und mit großen Augen.
Gewartet habe ich auf den Frühling,
auf den Osterhasen und aufs Christkind.
Ist eigentlich das ganze Leben ein Warten?
Auf Briefe, Worte, Menschen,
oder sind wir schon da, wo wir sind?

Wohl ist alles schon vollkommen da,
aber es fehlt mir die Geduld und Weisheit,
diese Vollkommenheit zu sehen;
und so warte ich,
bis der Tag anbricht
und die Sonne untergeht.
Ich warte bis der Schnee wegschmilzt
und das Glück zum Vorschein kommt.

Und dann wage ich es.
Ich bin im „Alles was ist" so wunderbar geborgen
und ich feiere die Vollkommenheit des Augenblicks.
Doch zwischen Raum und Zeit
und der Allgegenwärtigkeit
warte ich trotzdem noch so gerne.
Es ist eine Tugend für mich geworden,
getrost zu warten, in Liebe,
auf das, was kommt.
Das, was ich brauche,
kommt zu mir, wenn ich darauf vertraue.

# Liebes Wort

Kaum habe ich Dich gekannt,
hab ich mich verknallt in dich.
Aber was ist das – verknallt sein?

Ja, es war ein Knall,
voll Licht und Strom,
Strom der Herzen,
Schwingung der Liebe,
allerhöchste Freude.
Dem Himmel sei Dank,
dass wir uns treffen durften
und uns immer wieder begegnen.
Jedes mal neu und mehr,
Meer an Strom,
mehr an Liebe,
Meer an Wahrheit.

Du gefällst mir
und ich weiß noch nicht einmal warum;
ist das nicht dumm? - Nein!
Das genau ist reine Liebe,
wenn die Worte fehlen
und mein Herz laut singt;
was ich sehe
und versuche, zu verstehen.
Es ist Liebe in uns, Liebe zwischen uns.

# Sonnengereift

Ich schreibe ein Gedicht für dich
und weiß du kannst es hören;
durch die Stimme der Schwingung
hindurch ins Weltall,
ganz bei dir.

Ich spüre dich hier auf der Erde
und deine Wärme ist so sanft,
ganz anders als elektrisches Licht.
Ich spüre, dass du es gern gibst, dein Licht
und dafür sag ich heute und für immer Danke.

Morgens steh ich auf
und blicke aus dem Fenster.
Ich sehe, dass du da bist
und bin so glücklich und berührt.

Orange, gelb, rot sind deine Farben –
das ist so schön,
es sind auch meine Lieblingsfarben.

Ich sehe die Welt durch dein Licht
und sammle im Sommer deine Farben.
Und wenn im Winter weniger Licht
auf das Land scheint, in dem ich wohne,
erinnere ich mich an dich.

Und das Erwarten des Frühlings
ist wahre Vorfreude.
Dann bist du wieder da,
so stark,
so prächtig,
so rund und heiß.

Ich schwitze in des Sommers Hitze
und finde das echt spitze.
Schwitzend voller Wärme und Licht,
denke ich an das göttliche Gleichgewicht.

Sommer und Winter,
Tag und Nacht,
kalt und warm,
dunkel und hell.

Von deinem Licht lasse ich
mich gerne blenden,
denn es ist voller Ehrlichkeit.

Ich spüre dich auf meiner Haut
und weiß du hast es gehört,
mein Gedicht.

# Sternzeit

Wenn ich abends im Mondlicht spazieren geh
und die ungeheuer vielen Sterne seh,
dann komme ich so unsagbar ins Staunen.

Ich stell mir vor, dass ein Teil von dem,
was ich jetzt sehe – schon vergangen ist,
weil so viele Meter die Distanz zur Erde misst.

Der leuchtende Funke schon verglühter Sterne
ist Lichtjahre unterwegs
und doch leuchten sie stets
in unseren Augen.

Eine seltsame Emotion,
in die Vergangenheit zu blicken
und gleichzeitig nach der Weltzeit
der Gegenwart zu ticken.

Für unseren Menschengrips
unfassbar und suspekt,
aber für Gott ist die Sache perfekt.

Vergangenheit, Gegenwart und Zukunft
sind für Gott eins und 1000 Jahre sind wie ein Tag!
Das sind Dimensionen, die für mich
so schwer zu fassen sind …
es bleibt das Staunen, die Ehrfurcht und
die Bewunderung vor dieser Größe.

# Liebeskunst

Hey, hast du's auch schon mal gefühlt?
Da steht jemand vor dir
und du merkst ganz genau,
dass diesen Menschen zu lieben,
wäre wie eine große Kunst.

Das Leben würde sprühen und funkeln.
Du siehst es schon vor dir.
Aber wieso wäre es wie eine große Kunst,
diesen Menschen zu lieben? Ausgerechnet diesen?
Große Kunst berührt
und so bist du berührt von diesem Menschen
und wenn ihr euch dann berührt,
so wird aus der Kunst ein Bild vom Leben,
das ihr miteinander malt.

Und so geben sich die Tage,
die ihr miteinander verbringt die Hand
und bilden aus Farben ein zartes Band.
Zart sei das Band voll Liebe
und Liebe lässt Freiheit, weil sie vertraut.
Liebe wächst wie ein Baum,
immer höher und weiter der Sonne zu,
wenn ihr sie lasst.

Fühle dich ganz und liebe dich selbst
und wenn du einer großen Kunst begegnest
und angerührt bist von deren Ganzheit,
so hör auf dein Herz und die Farben darin
und es wird ein Bild entstehen,
euer Kunstwerk, Leben pur.

# Freudentränen

Wenn jemand in Trauer ist
und wir diesen Menschen zu trösten versuchen,
helfen wir ihm, dieses Gefühl anzunehmen.

Denn was wir anschauen und annehmen,
auch wenn man weint
und gerade wenn man weint,
trocknet sanft wie die Tautropfen von der Sonne.

Tränen sind wohl reinigend für die Seele.
Man sollte sie zulassen und nicht unterdrücken;
lange konnte ich das nicht.

Es ist doch peinlich, schwach, beschämend!
Ein Indianer kennt doch keinen Schmerz.

Und dann lernte ich,
dass in diesem vollkommenen Leben
alle Gefühle ihre Bedeutung haben
und auch die Trauer ihren Wert hat.

Es ist auch etwas Besonderes,
schließlich gibt es auch Freudentränen,
wenn wir überglücklich sind.

Und wie soll man die Freude schätzen,
wenn man die Trauer nicht kennt?

Sieh die Trauer als Freund,
der dir hilft,
Neues zu beginnen.

Seit ich Trauer als eines meiner
menschlichen Gefühle achte und schätze,
fühle ich besser die Waage in mir,
die Harmonie der Erfahrungen,
die Uhr des Lebens.

Für alles unter dem Himmel
gibt es eine bestimmte Zeit,
auch für die Trauer.
Lassen wir sie zu,
wenn wir sie kommen fühlen,
so werden wir innerlich stark.

Auch der Himmel weint,
wenn es regnet.
Neues kann wachsen
und so folgt der Trauer
oft persönliches Wachstum.

# Farbenmeer

Als ich geboren wurde,
war das Licht meine Lieblingsfarbe.
Es ist so rein und wahrhaftig schön
und enthält alle Farben
zusammen auf einmal,
alle Farben des Regenbogens;
ich schau ihn heute immer noch
so gerne an wie damals.
Ich träume davon,
an seinem Ende
einen Schatz zu finden,
eine Kiste voll leuchtender Farben.

Ein paar Jahre später,
als Kleinkind,
war Grün meine Lieblingsfarbe.
Beim Mensch-ärgere-Dich-nicht-Spiel
wählte ich die grüne Figur
und doch habe ich mich manchmal geärgert,
wenn ich verlor,
obwohl es nur ein Spiel war;
aber Kinder leben so im Augenblick,
alles andere war dann unwichtig.
Grün ist die Farbe des Grashalms, der Blätter.
Sie gehört den Fröschen
und wohnt im Spinat.

Gerne hab ich auf der grünen Wiese
Fußball gespielt,
mit meinen Geschwistern Drachen steigen lassen.
Aus dem grünen Feld hat es gezirpt
und ein Grashüpfer
ist über meinen Fuß gesprungen.

Als ich älter wurde,
so etwa mit Beginn des Jugendalters,
wurde Blau zu meiner Lieblingsfarbe.
Ich glaube, ich habe die Farben
immer gespürt und tief in mir gebraucht
für meine Entwicklung.
Das Blau in vielen Nuancen
wuchs in mir zu einem tiefen Ozean.
Es wurde ein Meer der Gedanken
und der grenzenlosen Träume.
Ich bewundere Blau sehr,
denn es war so wichtig für mich.

Heute sind Orange, Rot und Gelb
meine Lieblingsfarben.
Es ist wie ein Sonnenaufgang
in diesen wundervollen warmen Farben
am Horizont meines inneren Ozeans.
Ich kann es kaum beschreiben.
Es ist so glückvoll und wird mir geschenkt.
In der Stille wächst mein Leben
aus Farben dem Horizont entgegen.
Irgendwann werd ich vielleicht
wieder alle Farben dieser Erde gleich lieb haben.
Wenn dieser Tag morgen ist und jetzt geschieht,
tauche ich ein, in mein Meer aus Farben.

# Zeitlos

Gerade ist es 15:42 Uhr
am 27. August 2006,
aber was sagt das aus?

Pass auf,
eine Ansammlung von
hundertstel Sekunden
Sekunden
Minuten
Stunden
Wochen
Tagen
Jahren
Sekunden
Jahrzehnten
Tagen
Nächten
Erdumdrehungen
Augenblicken
Momenten …

Moment mal,
kannst du
die Zeit fühlen
und spüren?
Siehst du sie?
Auf der Uhr,
die immerfort tickt.

Ich habe es mir abgewöhnt,
eine Armbanduhr zu tragen,
um mir ein wenig Zeitlosigkeit zu wahren.
Der Kirchturmglockenschlag genügt vollkommen,
so bin ich dem Zeitdruck etwas entronnen.

Kindern trainiert man das Zeitgefühl an,
denn eigentlich spüren Kinder noch,
dass unser ganzes Leben
ein einziger Schöpfungsmoment ist.
Sie sagen, sie hätten übermorgen
ihre Oma besucht und werden
gestern Geburtstag haben.

Alles geschieht zur gleichen Zeit,
da macht sich der Gedanke breit,
warum der Mensch die Zeit erfand,
den Augenblick zerlegte außer Rand und Band,
in Tage, Wochen und Jahrzehnte,
ob da nicht etwas fehlte?
Ja die Melodie der Erde.
Wer sie empfindet, der versteht,
dass die Zeit als solche loszulassen,
in ihm etwas bewegt.

Seit ich zeitloser lebe,
ohne den stereotypen und hektischen
Blick auf mein linkes Handgelenk,
spüre ich mehr das ewige Sein in mir
und bin trotzdem oder vielleicht gerade deswegen
hier zur rechten Zeit am rechten Ort.
Entschuldigen sie, wie spät ist es gerade?

# Gedankenspiel

Ich denke nach
und grüble,
ich überlege
und glaube,
ich denke,
was du denkst
und die anderen wissen,
das Radio sagt
und im Fernsehen kommt,
in der Zeitung steht
und der Nachbar erzählt.

Tagesschau,
Rundschau,
Abendschau,
Nachrichten,
halt dich schön auf dem laufenden,
damit du up to date bist
und immer weißt und denkst,
was auch gerade die Masse
durch die Massenmedien
weiß und denkt.

Die neueste Umfrage zeigt,
dass du zu denen gehörst,
die fast so wie die Masse denken.
Anpassung,
Gruppenzwang
und Anerkennung.

Ich weiß Bescheid,
über Lokales,
Regionales
und Internationales
bis mein Kopf …
oh mein Gott;
ich habe aufgehört,
für mich selbst zu denken.

Ruhe!
Ich kann es nicht mehr hören.
Verschwindet mit eurem Wust an Infos,
mit der das Gedankengut der Masse
gezielt beeinflusst wird.
Denn wir lesen in der Zeitung,
was wir lesen sollen
und nicht was wir wissen wollten.

Das ist die Macht der Gedanken.
Also übernimm die Verantwortung
für deine Gedanken; das kannst nur du alleine.
Sobald du anfängst,
deine eigenen Gedanken zu denken,
anstatt für dich denken zu lassen,
fängst du an zu leben;
alles andere ist ein sich leben lassen.
Fang noch heute damit an.
Es scheint mir, als hätte ich
erst gestern damit angefangen
und doch ist es schon viel länger her.
Ich habe mich seit ich denken kann
gegen allgemeines Gedankengut gesträubt.

Es ist nie zu spät,
das sollte zu denken geben.

Ich denke, also spüre ich das Leben.
Denke deine Gedanken
und dein Geist
wird es dir danken.

Was denkst du dazu?
Prüfe meinen Text,
leg ihn auf deine Waagschale,
denn es sind meine Gedanken
und mach dir deine
eigenen Gedanken dazu.

Am Anfang ist es vielleicht mühsam,
für sich selbst zu denken,
aber wenn es dir zur Gewohnheit wird,
wirst du es lieben,
zu denken,
was in dir ist.
Es ist wie ein Schatz
aus abertausenden Wörtern in dir,
die nur darauf warten
von dir entdeckt zu werden
und in deine Reihenfolge
gedacht zu werden.

Sei du selbst und denk daran,
dass denken jeder kann,
wenn er nur will.

# Lebenstheater

Sieh in Liebe auf dein Leben,
nimm die Vergangenheit an
und konzentriere dich auf den Augenblick.
Ja gerade jetzt auf diesen,
in dem du diese Zeilen liest.

Alles in deinem Leben
beruht auf deinen Gedanken.
Die Gedanken, die du denkst,
haben immer eine Resonanz.
Manche Menschen pflegen zu sagen,
sie hätten keine andere Möglichkeit gehabt,
die Dinge hätten sich so ergeben.

Aber das wahre Leben
ergibt sich nicht einfach so.
Es ist einfach so,
wie du denkst,
ja sozusagen, wie du es dir erdenkst.

Eines meiner Hobbys
ist Gedankenwurzeln pflanzen.
Wenn ich schon fast
den Fernseher einschalten
und mich berieseln lassen wollte,
setze ich mich zur Ruhe
und denke über mich nach.

Ich versuche, es mir abzugewöhnen,
an vergangenen Dingen zu grübeln.
Es ist Energieverschwendung,
weil es so war
und ich nichts mehr
daran ändern kann.

Also denk ich an
die größten Träume
meines inneren Ozeans
und an mich
und wer ich bin.
So säe ich Gedankenwurzeln
und einige dieser Gedanken,
denke ich so gern und oft,
dass ganz unverhofft,
ein Wort daraus erwächst.

Ich spreche aus,
wer ich bin
und ehe ich mich besinn,
tue ich was ich einst dachte,
worüber ich früher vielleicht noch lachte.

Ich jongliere und tanze,
höre zu und dichte,
ich schreibe und
der Groschen fällt.

Gedanke, Wort und Tat –
so beeinflussen wir unser Leben.

Aus unseren Gedanken
werden mit der Zeit Worte
und schließlich auch Taten.

Eine Sensation!
Große Schlagzeile:

*„Gedanken sind überall im Sonderangebot"*

Schnäppchenjäger aufgepasst …
die eigenen Gedanken
gibt es zum Nulltarif
ohne Zeitung, Fernsehen und Internet
für 0 Cent in der Minute.

Wenn du dich entscheidest,
dein Leben in die Hand zu nehmen,
Verantwortung für deine Augenblicke zu tragen,
dann wirst du sehen,
wie groß und weit deine Möglichkeiten sind.

Es ist dein Lebenstheater
und du wählst am besten die Rolle,
von der du schon immer träumtest,
die Hauptrolle im Stück
„Menschheitsgeschichte".

Menschen, die das leben,
was tief in ihnen ist,
darüber sprechen
und denken,
sind wie ein Licht für andere.

Sei, der du bist.
Sei, die du bist.
Sei, was du bist.
Das hat nichts mit Egoismus zu tun.
Deins zu leben ist ein Geschenk
für dich und andere.

Sie werden dich betrachten
und erstaunt sein,
beglückt
und erpicht darauf,
auch zu zeigen,
wer sie sind.

Ich sehe den Menschen gerne zu,
wenn sie ihr Lebenstheater spielen
und bin begeistert
von dieser Fülle.

Applaus!

Könnt ich noch eben
ein Autogramm haben von dir?

_______________________________

# Der Clown in mir

Ich setze die Clownsnase auf
und bin ein Narr
in den Augen der tristen Welt,
in der Humor und Charme nichts zählt.

In meiner Welt
bin ich ein Held.
Ich jongliere mit Tellern und Gedanken,
mit Tüchern und Bällen
und soll ich dir mal was erzählen?

Auch im alltäglichen Leben,
darf es in mir den Clown geben.
Humor ist die Würze des Lebens
und Humor zu suchen ist vergebens.

Du musst den Humor
sich ereignen lassen in dir,
der Clown ist nämlich in dir und mir –
in jedem Menschen drin …

die Geburt des Clowns
ist für die Lebensfreude ein Gewinn
und lässt uns das Glück leichter erkennen,
damit wir die schönen Momente nicht verpennen.

# Innerer Friede

Früher habe ich es nie kapiert,
was es heißt:
Fang mit dem Frieden
zuhause im Kleinen an.
Wie soll man so Weltfrieden schaffen?
Aber es ist so viel Wahrheit dran,
dass es mir heute peinlich ist,
wie ich das vor Jahren nicht verstehen konnte.

Achte dich und achte mich
und überlege mal,
was für dich innerer Friede bedeutet?
Besitz?
Geld, money, Moneten, Mäuse, Zaster, Kies?
Der Rubel rollt,
wohin?
Zufriedenheit?
Ansehen?
Ruhm?
Eine Beziehung?

Inneren Frieden zu definieren
ist nicht leicht.
Wir haben es dabei
mit etwas Subtilem zu tun,
das jeder anders zu empfinden scheint.

Innerer Friede ist für mich dem Glück sehr ähnlich.
Wenn ich mich geborgen in mir
und geborgen im Universum fühle,
ich zufrieden bin mit mir
ohne zu vergleichen
und Erwartungen
an mich und andere Menschen
loslasse.

Unser Bewusstsein scheint auf der Erde
durch inneren Frieden strahlender zu werden
und so entwickeln wir uns in Richtung
Weltfrieden.

Friede, Freude, Eierkuchen –
schon klar,
Meinungsverschiedenheiten wird es
wohl immer geben.
Stell dir mal vor,
wir wären alle einer Meinung.
Das wäre auf die Dauer
wohl ziemlich eintönig – ein Ton.
Viele Töne ergeben ein Lied,
in dem es auch Disharmonien gibt.
Disharmonien lassen Weiterentwicklung entstehen,
aber es kommt eben auf die Art und Weise an,
wie man mit ihnen umgeht.

Wenn die Menschen in naher Zukunft
mit dem Herzen in weiser Vernunft
Unstimmigkeiten beilegen,
ist das für uns und unsere Kinder
ein wahrer Segen.

# Sinfonie

Ich höre Musik
und meine,
du kannst Musik
immer spüren.
Sie ist bunte Schwingung,
wie eine Sinfonie,
die deine Sinne umfängt.

Sie lässt dich eintauchen
in Situationen,
die du mit einem
ganz bestimmten Lied verbindest.
Musik trägt dich
und hält dich an der Hand.
Sie zeigt dir die Vielfalt der Erde,
denn sie entspringt dem Herzen.

Musik fließt in Gedanken
auf das Papier
und wird zu Noten.
Zu Vierteln und Halben,
Ganzen und Achteln,
zu Pausen, in denen
die Schwingung nachhallt.

Musik ist Piano, Mezzo und Forte,
Sopran, Bass, Alt und Tenor.
Musik wünscht sich,
uns die große Vielfalt zu zeigen,
die man auf der Erde erleben
und mit anderen Menschen teilen darf.
Musik nimmt uns mit
auf eine Reise
zum Anbeginn der Zeiten.
Hör achtsam um dich
und du hörst
die Melodie der Erde.

Das Leben ist ihr Resonanzkörper.
Das Rauschen des Wasserfalls,
Vogelgesang,
Plätschern am Bach,
die Stimme der Menschen –
all das ist ein Lied,
das zu verstehen
die Schönheit des Ganzen eröffnet.

Musik ist die Sprache der Welt.
Alle Menschen dieser Erde
nehmen sie auf
und spüren im Herzen
ihre Sinfonie.

# Freiheitskämpfer des Alltags

Alle Tage
geben Stunden
ihren alltäglichen Verlauf.
Und doch finde ich
den Alltag so besonders.
Er scheint zwar gleichförmig
und wiederkehrend,
doch liebe ich ihn so,
wie ich den Sonnenauf-
und -untergang immer
lieben und bewundern werde.

Ich bin ein Freiheitskämpfer
des Alltags.
Freiheit ist,
wenn der Wind
mir um die Ohren pfeift,
mir ein Mensch
seine Geschichte erzählt,
ein Kind mir
eine Blume schenkt
und ich
in deine Augen sehe.

Ich spüre,
wir sind alle eins
und doch
bin ich frei.

Freiheit ist ein Gefühl,
das glücklich macht
und starke Potenziale
ins Leben ruft.

Wie ein Schmetterling,
der sich einst
eingeengt fühlte,
den Kokon abstreift
und sich entfaltet
in all seiner Schönheit.

Ich liebte Freiheit
zu aller Zeit
und war für sie bereit.
Und doch war ich
in gesellschaftlichen Grenzen gefangen
und dachte mit Bangen
an ein neues Leben,
das ich hinter den Grenzen
versuchte zu sehen.

Ich sträubte mich gegen die Schranken
und geriet ins Wanken.
Mit gesellschaftlicher Norm
war alles so schön konform,
so einfach und öde,
so furchtbar spröde!

Ich entwickelte mich
zu einem Freiheitskämpfer
der Gedanken
und sie trugen mich
über die gesellschaftlichen Schranken.
In meiner Freiheit landete ich
und suchte nach Maßstäben
nur für mich.

Ein Abenteuer begann zu entstehen
und half mir zu verstehen,
dass das Leben ein
großes Geheimnis bleibt,
wenn du in Freiheit zu aller Zeit,
neugierig und offen,
bereit bist zu hoffen
auf das Besondere im Leben,
das in der Fülle des Alltags
immer ist zugegen.

# Lebensretter

Sicher bist du
gut versichert.
Denn sicher ist sicher.
Und wer möchte schon
unsicher sein
in der Hochkonjunktur
der Versicherungen
und Schutzbriefe?

Mein Auto ist versichert,
meine Zahnspange war es
einst auch wie ich vermute,
meine Gesundheit ist
gegen Krankheit versichert,
aber wie man wohl
sein Leben versichert?

Durch eine Lebensversicherung?
das ist doch dumm –
und noch dazu dreist,
weil sie auch keine
Garantie verheißt.

Was ist also,
wenn die Sicherung durchbrennt?
Sich auf nimmer wieder sehen
davonmacht über alle Berge?
Bin ich dann schutzlos ausgeliefert und verloren?

Sieh her auf dein wertvolles Leben,
das dir auf wunderbare Weise wurde gegeben.
Es ist so groß und weit,
dass eine Versicherung niemals greift.

Sicherlich kannst du alles versichern –
deine wertvolle Uhr,
meine Zahnbürste
und die Goldzähne vom Nachbarn.

Aber das Leben lässt sich nicht versichern!

Genieße es und überlege mal,
wie es sich anfühlt,
wenn deine Gedanken
dich stark und sicher werden lassen.

Wenn du dir im Herzen sicher bist,
dass du das Leben liebst,
kannst du sicher sein,
dass es ewig bleibt - dein Sein.

# Das Paradoxon
der Vollkommenheit

In meinem bisherigen Leben
habe ich mich immer wieder gefragt,
warum es Gut und Böse gibt,
Plus und Minus wie in Mathematik.
Ich wünschte immer, es sollte
nur das Gute geben.

Ich denke nach und versuche,
auch in diesem Paradoxon
die Vollkommenheit zu sehen,
wenn ich es auch bis zum
heutigen Tag nicht verstehe.

Möglicherweise sind für uns
die Gegensätze nötig,
damit wir unterscheiden können
und das Gute schätzen lernen.
Wahrscheinlich leben wir
im Himmel auf Erden
und merken es nicht einmal!

Ich versuche jedenfalls
das Vollkommene zu sehen
und die Gegensätze zu verstehen,
in meinem Leben das Gute zu pflegen
und bitte dafür um Gottes Segen.

# Gelassenheitstest

Sapperlot,

jetzt habe ich ein Glas zerschlagen,

in Scherben

voller Glück

und es ärgert mich

wie verrückt.

Verflixt und zugenäht,

dass jetzt die Ampel

immer noch rot ist;

endlich,

beinah wär

mein Geduldsfaden gerissen

und die lahme Ente vor mir –

oh mein Gott,

cool bleiben!

An der Kasse,

im Wartezimmer,

an der Haltestelle,

am Computer.

Ich versuche mich zu rechtfertigen

bei Konflikten

und Meinungsverschiedenheiten

und werde laut.

Ich drehe mich im Kreis

und stehe da.

Überall blinken Leuchtreklamen,

ich höre Uhren ticken,

Autos hupen.

Würd ich doch einmal

inne halten

und cool bleiben,

auch wenn die

Ironie des Schicksals,

wie ich sie nenne,

mir über den Weg läuft.

Etwas entgleitet mir –

Gelassenheit zulassen,

wie soll das gehen? …

versuche ich zu verstehen.

Ich bemühe mich

cool zu bleiben

und mich gelassen

zu zeigen,

auch wenn mich

Gelassenheitstests

zu den Menschen zählten,

die in Krisen

den Adrenalinstoß wählten.

Ich lernte erst mal

Luft zu holen ganz tief,

als mich meine Gelassenheit rief.

Sie wies mich ein

in die Übersetzung

des Lebens, die ich verflixt

noch mal gesucht

hatte vergebens.

Sie steht zwischen den Zeilen

und lädt uns ein,

zu verweilen.

Gelassen durchs Leben zu gehen,

spart Nerven und

hilft uns zu sehen,

wo Energie wirklich nötig ist

und eine Investition

in die Zukunft ist.

# Die Zeichen der Meere

Ich glaube,
ich kann
kaum beschreiben,
wie innig
mein Bezug
zum Meer der Welt ist.

Oft sitze ich so da,
am Fluss
und weiß,
er mündet in den See
und irgendwann in das Meer.

Ich schicke Gedanken auf die Reise.
Ich bitte das Wasser des Lebens,
meine Bitten zu Gott zu tragen
und mir im Fluss des Lebens
Zeichen zu schenken.

Zeichen der Strömung,
Wellen der Hoffnung,
Wasserfälle der Lebensfreude,
Sprudeln der Liebe
und Gesang der Meere.

In Gedanken spreche ich
mit dem Wasser.
Es ist so rein und klar
und immer in Bewegung.
Es ist eines meiner
größten Vorbilder.
Wasser ist Leben
und Fülle.
Wasser ist Energie
und meine Lebensmelodie.

Als Kind habe ich mir
immer gewünscht,
dass neben unserem Haus
ein Fluss vorbeigehen würde,
in den ich ein Papier- oder
Rindenschiffchen legen könnte,
das davon treibt
und der Welt
von mir erzählt.

Mein Wunsch wurde nach
mehr als 20 Jahren erfüllt,
also einen Windhauch
der Ewigkeit später.
Ich gehe oft am Bach spazieren,
setze mich auf einen Stein,
wandere im Flussbett
und suche nach Steinen,
die mir besonders gut gefallen.

Ich sehe die Steine
an meinem Fensterbrett.
Du hast sie geformt
und sie haben durch dich
ihren Ausdruck verliehen bekommen.
Die Steine erzählen mir
ihre Geschichte.

Meine Geschichte, mein Leben,
erzähle ich dem Fluss
und bitte ihn
und die Vögel des Himmels
und den Windhauch der Erde,
meine Gedanken zu tragen
und mir zu zeigen,
wohin es mich trägt,
das Leben …

durch Regentropfen auf meiner Haut,
durch den Anruf eines geliebten Menschen,
eine Ruderbootfahrt auf deinen Wellen.

Und du wirst mir erzählen,
was ich immer schon spürte.
Du hast mich immer getragen
und trägst mich so liebevoll.
Ich danke dir dafür
und möchte dir sagen,
dass ich dich sehr bewundere.

Du, das Wasser des Lebens,
trägst Weisheit und Kraft,
trägst Kajaks und Surfer,
Schiffe und Enten.
In den Tiefen der Meere,
beherbergst du eine
große Vielfalt
an Tieren und Pflanzen.
Es ist bunt bei dir
und schimmernd,
glitzernd
und
immer
lebendig.

Tausend Dank
für deine Schwingung,
dafür,
dass ich dich
trinken kann
und so eins bin mit dir.

Du glitzerst in der Sonne
und bahnst dir deinen Weg
durch die Zeiten und Gezeiten
und wirst dabei immer
Trost und Inspiration
für mich verbreiten.
Dem Himmel sei Dank dafür!

# Herzschlag

Das pulsierende Leben
hörst du im Herzschlag,
er ist immer zugegen.

Es durchdringt den Menschen
wie eine Welle,
durchflutet ihn
bis in jede einzelne Zelle.

Alles Leben auf der Erde
gleicht einem Herzschlag,
einem Puls,
der alles durchdringt
und leis'
seine Melodie singt.

Noch bevor wir geboren werden,
hören wir den Herzschlag
unserer Mutter ganz nah,
wie vertraut das doch war.

Du bist in Hektik
und dein Herz pocht laut,
es rast und springt
oder es singt
„Ich liebe dich"
und s'wird dir sicherlich
ganz warm ums Herz.

War nur'n Scherz.
Oder?

Entspann dich soeben,
atme ruhig und gediegen,
lass den Alltag einmal liegen.
Wann wird dir warm ums Herz?

Es sind wohl glückvolle Momente,
die du nur dann erkennst,
wenn du nicht davonrennst
vor der Liebe und dem Glück,
die dich begleiten Stück für Stück.

Du wirst sie vergeblich
auf der Landkarte suchen
und solltest deshalb versuchen,
dein Herz zu öffnen und zu spüren,

was dich beglückt,

wie verrückt –

ich bin entzückt!

# Pranken des Tigers

Ich bin gerade
so geladen,
so wütend.
Es brodelt in mir
und ich suche
nach einem Ventil.
Wenn alles
schief zu laufen scheint,
mich alles nervt
und ich in Versuchung gerate,
mich selbst und
das Leben zu vergessen,
weil mich der Pfeil der Wut trifft,
frage ich mich, warum wir Menschen
manchmal so wütend sind.
Es überfordert mich,
mich in Konkurrenz
mit anderen zu sehen,
am Rande zu stehen
und kaum Ausweg zu sehen,
allein zu sein
mit den Gedanken,
die mich anfallen
wie die Pranken
eines Tigers.
Ich versuche,
mich zu wehren
und verletze mich an der Hand,
bin davongerannt,
habe geheult und geschrien,

als alles verloren schien.
Ich bin verwundet und fertig,
mein Stolz ist verschwunden.
Ich fühle mich schwach und leer
und sehne mich so sehr
nach Liebe und Trost,
Heilung und guten Worten
von Menschen, die mich lieben.
Aber ich sitze hier
allein mit Fernsehen, Handy und Telefon;
die ganze Technik ist überflüssig,
wenn ich einen Menschen brauche,
der mich stärkt und mir zuhört.
Ich bitte dich Gott,
schicke mir den Engel des Trostes
und der bedingungslosen Liebe,
deinen heilenden Geist
und verwandle meine Wut in Gelassenheit.
Ich lege die Wut in deine Hände,
nimm sie weg, weit weg, fort von mir.
Ich ertrage sie nicht länger.
Ich will doch die Liebe sein,
aber es scheint so schwer zu sein.
Hilf mir, es leichter zu nehmen
und die Wege zu gehen,
die liebevoll sind
und meiner Entwicklung dienlich sind.
Dass ich Entscheidungen treffe,
die der Liebe entspringen
und so Wachstum und Weisheit
für mich und mein Leben hervorbringen.
Was würde jetzt die Liebe tun?

Mit Wohlwollen
schaut sie auf mich und mein Leben
und sagt mir,
ich darf zufrieden sein
mit dem, was heute war,
den Maßstab meines Egos
verdrängt sie gar.
Dankbar im Jetzt
ohne Zaudern und Wut,
auch wenn Wut
manchmal gut tut.
Aber jetzt ist sie verwandelt,
ich habe sie aufs Blatt geschrieben.
Nun ist sie weg – fast,
ein bisschen ist noch da
und das leg' ich fürwahr
ab wie Kleidungsstücke
und gehe über die Brücke –
in das neue Land
hinter dem wütenden Band,
das mich festhielt und lähmte,
so dass ich mich schämte.
Ich lief durch das Band,
riss es entzwei
und es gab mir den Weg frei
für meine lieben Worte und Gedanken
und ich fing wieder an zu danken.
Ich darf so wunderbar sein
und das Leben genießen,
so dass in mir liebende
Energien fließen.

# Ein Kind
# zeigte mir den Weg ...

Ich danke den Kindern
dieser Erde,
die mir geholfen haben,
das Kind in mir
wieder zu entdecken,
das ich verloren hatte.
In der Schule hatte ich
mein Kind verdrängt,
denn ich spürte,
dass das kindliche Sein
in der Gesellschaft
nicht erwünscht war.
Ich durfte
im Laufe der Zeit
Kindern begegnen,
die zu meinen
wirklich größten Lehrern wurden.
Was sie mich lehrten,
stand in der Schule
nicht im Lehrplan.
Du hast mir gezeigt,
wie man Bäume streichelt
und Gänseblümchen küsst,
wie man Schnecken anlockt
und im Regen tanzt.

Du sagtest mir,
dass Gott in allem drin ist
und meine Augen
sahen die Welt
nun ganz neu.
Das Gelb der Löwenzähne
und die Farben der Herbstblätter,
das satte Grün der Wiese
und das Weiß der Wolkenfiguren
am blauen Himmel
lehrten mich,
welch farbenfroher Künstler
Gott ist.
Ich höre,
was ich
aufgehört hatte,
zu hören.
Ich lausche Liedern und Balladen
der wundervollen Vögel,
ich höre dein Lachen
und du sagst mir,
wie schön es ist,
wenn die Blätter
im Wind rascheln.
Gott ist ein Komponist,
der mich aufhorchen lässt.
Ich springe in eine Pfütze
und spüre das Nass.
Ich sauge Spaghettis ein
und gehe barfuß im Sand.
Ich fühle den Augenblick,
wie du's mir gezeigt hast
und komme im Jetzt an.

# Der Gedanke über den Gedanken

Hast du Angst vor mir?
Oder hab ich Angst vor dir?
Hat der Fisch Angst vorm Wal?
Haben Menschen Platzangst
in einem vollen Saal?
Bleibt der Aufzug gleich stecken?
Drücken wir die Alarmtaste
und warten auf Rettung.

Nimm dich in Acht
und pass ja auf,
sei auf der Hut,
solang dir der Hut der Angst gut tut.
Er schwebt wie ein Gedanke
über all den anderen Gedanken
und bringt mein Weltbild ins Wanken.

Ich habe Angst,
falsche Worte zu sagen,
über die sich Menschen beklagen.

Ich habe Angst,
meine Wahrheit zu zeigen,
in der Angst,
eine Situation zu vergeigen.

Besonders bei Menschen,
die ich so schätze,
treibt mich die Furcht
in eine atemlose Hetze.

Ich möchte den Menschen helfen,
ihren Weg zu gehen
und habe Angst,
meinen eigenen zu verfehlen.

Die Angst ist ein Hut,
der einen Schatten spendet
und in negativen Gedanken endet.

Ich werfe das Handtuch
und ziehe den Hut,
es kostet mich all meinen Mut.

Da steh ich nun da,
ausgebrochen aus dem
Gefängnis der Angst,
ganz nackt und bloßgestellt,
weil die Gesellschaft doch erzählt,

Angst sei gesund

in jedem Mund,

in jeder Person.

Auf dem Thron
der Mächtigen und Einflussreichen,
die glauben, sie setzen Zeichen.
Angst vor Diskriminierung und Gewalt,
was alles aus dem Radio schallt.
Angst vor Noten und Zeugnissen,
sonst wirst du später deinen Job vermissen.
Angst vor der Globalisierung
und den Gedanken der Regierung.

Ich bin mit der Angst
groß geworden
und habe mich in einem Netz verworren.
Ich konnte mich kaum rühren,
schon hing ich fest in klebrigen Schnüren.

Du hast mir geholfen,
meine Angst zu sehen
und sie zumindest zu verstehen.
Du hast das Netz meiner Angst betreten
und ich hoffe, du kannst mir vergeben.
Es war ganz viel Mut und Überwindung dabei
und ich glaube, das Netz reißt bald entzwei.

Ich werde mich auf eine Seite retten
und aus den Fäden ein Kunstwerk flechten.
Es soll mich immer erinnern daran,
dass ich die Angst zähmen kann.

# Das wortlose Chamäleon

„Viel Glück“,
sagt man mal so schnell,
aber was bedeutet das Wort,
frag ich mich immerfort.

Wie fühlt es sich an,
wenn ich glücklich bin?
Meine Sprache der Worte
reicht nicht aus,
es fehlen die richtigen Worte daraus.

Wortlos war ich glücklich zutiefst,
als ich die Glücksbefragung ins Leben rief.
Ich fing an, Menschen nach ihrem
persönlichen Glück zu befragen
und war gespannt, was sie mir würden sagen.

Ich war und bin dem Glück auf der Spur
und es ist nur
eine Befragung, die mich wortlos sein lässt,
meine alltägliche Wahrnehmung verlässt.
Jeder Mensch hat bisher etwas anderes gesagt,
und ich habe mich deshalb oft gefragt …

ob das Glück ein Chamäleon ist,
das für jeden Menschen die passende Farbe beimisst,
sich aber auch regelmäßig dabei gut tarnt
und so vor dem permanenten Glückstaumel warnt.
Solltest du das Glück
als etwas Besonderes empfinden,
wirst du es immer dann finden,
wenn du nicht darauf wartest ganz verspannt,
sondern entspannt dein Leben lebst
und deinen göttlichen inneren Lebensbaum pflegst.
Darauf lässt sich das wortlose Chamäleon
freudig nieder und kommt auch gerne immer wieder.

Eine Ewigkeit lang, so schien es mir,
habe ich überlegt,
was Glück für mich persönlich bedeutet
und hoffe nun,
eine für mich zufrieden stellende Antwort
gefunden zu haben.

Glück ist für mich,
wenn ich mich selbst als göttlich erfahren darf
und andere Menschen, Lebewesen und die Erde
als göttlich erleben darf.

Das Glück in seiner ganzen Breite,
in seiner Höhe und von jeder Seite,
in seiner sagenhaften Weite,
siehst du auf der nächsten Seite.

Füll sie auf mit deinem Bild vom Glück
und es gibt kein zurück.
Du wirst deinem Glück begegnen
und darfst es dankend segnen. Viel Glück!

# Ein Gedicht wird geboren

Der Werdegang meiner Texte und Gedichte
ist für mich selbst noch nicht ganz erschlossen.
Wenn ich Gedanken für die neue Zeit formuliere,
wie ich sie gerne nenne,
spüre ich jedenfalls,
dass ich alles um mich vergesse.
Dabei ist es für mich wichtig,
ganz mit mir allein zu sein,
denn schreibend lebe ich
und liebe ich
die Buchstaben,
die mich bewegen,
woraus sich meine Gedichte ergeben.

Manche Gedichte warten Monate und Jahre
in mir darauf, geschrieben zu werden,
bis der richtige Zeitpunkt da ist.

Manche tauchen aus dem Nichts auf –
wie ein Quantensprung,
sind sie plötzlich da
und wollen geschrieben werden.
Das gibt mir das Gefühl,
als wäre vieles schon vollkommen da,
zwischen Raum und Zeit
und würde nur darauf warten,
zum richtigen Zeitpunkt
von mir geschrieben zu werden.

Wieder andere Gedichte oder Texte
wachsen aus einem Wort,
das mir in meinen Gedanken begegnete,
das wie ein Samenkorn mir noch verborgen ist.
Aber ich weiß, wenn ich dem Wort seine Zeit gebe,
wird es wachsen und mir zeigen,
dass zu dem Wort,
das einst so leer und nackt
in meinen Aufzeichnungen stand,
ein großes Werk entstand,
das ich oft mehrmals lese,
bis ich es selbst verstehe.

Ich glaube,
die Worte
in meinen Gedichten und Texten
sind ursprünglich Schwingungen gewesen,
die ich in meinem Leben
oder in der Beobachtung
des Lebens erspürte,
woraus sich dann Gedanken bilden,
die sich in Minuten oder Jahren
zu einer Komposition verwandeln,
sich wie Fäden in einem Webstuhl weben
und mir auf diese Weise
die Intuition
zum Aufschreiben geben.

# Verspielte Lebensrhythmen

Bist du bereit? –
es ist soweit.

Wir reisen weiter
im Strom der Welten,
wo materielle Werte
noch nie zählten.

Lass dich tragen
und sei gewiss,
dass du es bist,
der es entschied.

Du erfährst dich
immer wieder aufs Neue
im Spiel des Lebens,
in dem noch nie etwas
war vergebens.

Und wenn du das
Spiel gewonnen hast,
weißt du wirklich,
wer du warst.

Du schaust zurück
auf das Spiel
und entdeckst,
dass du dich
entwickelt hast
ganz viel.

Du gibst
deine Spielfigur zurück,
wertest das Spiel aus
und tauschst dich
mit anderen Mitspielern aus.

Manchmal sah es so aus,
als hättest du im Spiel
alles verloren
und doch warst du
auserkoren,
alles zu gewinnen.

Dein Leben
steht auf dem Spiel.
Beachte die Spielregeln
und du wirst zu fernen Ufern segeln,
immer neue Spiele wagen
und sagen,
wie schön es doch ist,
wenn du ganz
du selbst bist.

# Dein Spiegelbild in den Strömungen des Universums

Welch' Zufall,
dass du gerade dieses Buch
in der Hand hältst.
Zufälle ereignen sich in deinem Leben.
Menschen, die dir begegnen,
die dich anrufen, wenn du gerade an sie denkst,
die dich anrufen, auch wenn du sie
noch gar nicht wirklich kennst.

Sie bewegen sich auch wie du
in den Strömungen des Universums
und die Zufälle führen euch zueinander,
damit ihr euer Leben gegenseitig bereichern könnt,
das Leben reich wird voll Glück und Liebe.

Ein Brief liegt in deinem Briefkasten.
Von wem wird er sein?
Oh der Brief ist wundervoll;
er gefällt mir
und verwandelt den ganzen Tag.
Ich hatte nicht damit gerechnet,
den Brief nicht erwartet,
darum hat er mich umso mehr erfreut.

Ich betrachte mit dir den Himmel,
er ist strahlend blau
und da entdecke ich
zwei kleine Wolken,
die uns ein kleines
Wolkentheater vorspielen
mit Raum für eigene Interpretation.
Der Text wollte noch erfunden werden.

Es ist wichtig,
auf zufällige Zeichen
und Begegnungen zu achten,
sensibel für sie zu sein
und ihnen einen großen Wert
beizumessen.

Setz eine Brille auf,
die Zufälle nicht ausblendet,
sondern scharf werden lässt,
damit du sie entdecken kannst.

Wer dieses Spiel der Zufälle liebt wie ich –
es ist, wie wenn eine Sternschnuppe fällt,
dem werden sie immer öfter auffallen.

Du wirst häufiger Zufälle sehen.
Da sind sie ja immer für dich,
aber oft ohne von dir gesehen
und bemerkt zu werden.

Sie ziehen als Alltagsphänomene vorbei
bis ein Mensch mit der Entdeckerbrille
ohne Gläser vorbeikommt
und sich erfreut am Zufall,
der seinem Leben vielleicht
eine neue Richtung gibt.

Du sitzt in einem Boot
in den Strömungen des Universums.
Dein Leben ist kein Zufall.
Du hast diese Bootsfahrt einst in Liebe geplant,
aber dein Leben ist voller Zufälle,
die dir zufallen,
wenn du den Motor mal abstellst
und Strömungen zulässt,
die dich mit Ungeahntem berühren,
so wirst du das wahre Leben spüren.

Du wirst auf Inseln der Begegnung stranden,
die andere vor dir noch niemals fanden.

In den Zufällen liegt die pure Einzigartigkeit,
sie spiegeln deine innerste Wahrheit.
So fällt dir das zu,
was speziell du erdenkst,
wodurch du in den Strömungen
auf gewisse Weise
dein Spiegelbild
empfängst.

# Die Oase der Worte

Da sind Worte,
die sagst du zu mir
und sie treffen mich wie ein Pfeil.

Die Worthüllen scheinen zu verblassen
wie eine Fata Morgana
und das innere Wort wird spürbar.


Es verwundet mich

und ich frage mich,

warum es solche Pfeile gibt,

warum sie mich manchmal

so unverhofft treffen.


Worte können so stark verletzen,
weil durch das Wort alles ist.

Ich bin froh,
dass mir viel mehr gute Worte begegnen,
welche die Narben der Pfeile heilen.

Die guten Worte scheinen
in einer Oase zu entspringen,
sie wollen Licht in unser Leben bringen.
Sie erfrischen mich und geben mir Trost.

Gute Worte lassen mich die

allumfassende Liebe spüren

und wollen mein Herz berühren.

Sie sind voll Harmonie

und ihr inneres Wort verletzt nie.

Ein gutes Wort ist immerfort
dort in deinem Herzen,
ohne zu schmerzen,
es kommt von Herzen.

Die Kultur des guten Wortes
ist eine Kultur des Herzens.

# Der Engel der Poesie

Einst schlummerten die Buchstaben
für meine Texte noch in mir.
Sie waren zugeschüttet mit Fernsehfilmen,
Pressemitteilungen und Alltagsproblemen.
Ich dachte viel über das Leben nach,
wie ich es auch jetzt tue.
Und es war eine Flut an
Worten und Gedanken in mir,
aus poetischen Quellen,
die mir geradezu geschenkt waren.

Aber ich sah sie nicht.
Ich übersah sie.
Ich dachte und dachte
und manchmal dachte ich,
zuviel zu denken,
weil alles so komplex
und vielschichtig war –
zu verschiedenen Lebensthemen.
Aber sie waren einfach da,
meine Gedanken,
sie waren schon immer da.
Schon als Kind habe ich mir
viele Gedanken
über das Leben gemacht.

Da begegnete ich einem Menschen,
dem Engel der Poesie.
Er sagte, ich solle doch
in einem Gedicht oder Text aufschreiben,
was mich bewegt.

An diesem besonderen Tag
in meinem Leben
schrieb ich „1000 Welten"
und es war für mich
wie die Geburt der Poesie.

1000 Welten schrieb ich
in ein paar Minuten auf,
meine poetische Quelle sprudelte geradezu.
Der Engel der Poesie hatte mir geholfen,
sie zu lieben und fließen zu lassen,
ehe sie versiegte,
weil sie einst immer mehr zugeschüttet
und überdeckt worden war von mir.

Ich möchte dem Engel der Poesie danken,
der mir half, meine Wahrheit
zu entdecken und zu leben.
Seit ich meine Gedanken aufschreibe,
fühle ich mich befreit.

Mach dich auf eine Reise zu deinen
Begabungen und vertraue auf wegweisende
Engel, die dir geschickt werden
und die dir deine Großartigkeit widerspiegeln.

# Das Schlüsselerlebnis

Warum ist die Banane krumm?
Und warum fällt der schiefe Turm von Pisa nicht um?

Warum ist der Himmel blau?
Und warum sind Elefanten grau?

Warum ist die Erde rund?
Und warum bellt eigentlich ein Hund?

Warum ist das All so unendlich groß?
Ich frag ja bloß!?

Vielmehr geht es um Lebenssituationen,
die geschehen und ich frage mich warum?

Hätte es nicht anders laufen können?
Darum – weil ich es anders plante.

Es geht auch um
kosmische Zusammenhänge,
die meinen Horizont übersteigen
und mir die Grenzen der Wissenschaft zeigen.

Ich möchte den Sinn entschlüsseln,
aber der Schlüssel scheint verloren
in den Weiten des Lebens.

Ich irre umher,
laufe hin und her,
frage hier und dort,
immerfort.

Eines Tages liegt der Schlüssel
auf meinem Weg,
von wo ich ihn behutsam
und verwundert aufheb'.

Er passt in das Schloss
meiner Fragen
und hinter der Tür
eröffnet sich mir,
wofür das WARUM gut ist,

damit
ich
das
Leben
ein

SINMIEHEG

sein
lasse.

# Das fühlbare Licht

Ich bin gesund und laufe auf Hochtouren,
fahre so, dass auf meinem Weg
zu sehen sind Spuren.
Energieabgabe und -aufnahme
scheinen im Gleichgewicht;
ich schaue im Spiegel mein Gesicht.

Ich bin vital und strahlend,
nicht ahnend, dass mein Körper
sich morgen eine Pause nimmt
und mich zu einem langsameren Gang zwingt.
Weil ich psychisch einen Konflikt erlitt,
mit dem mein Körper im Geiste stritt.

Unbewusst hatte mein Kundenservice schon begonnen
und meinte, ich hätte schon fast gewonnen.
Er sagte mir, Annehmen sei besser als Widersetzen
und von einem Termin zum nächsten zu hetzen.
Ich solle mir Ruhe gönnen und eine Pause nehmen,
dann könnte man weitersehen.

Leichter gedacht als getan,
denn der Konflikt hatte mir etwas angetan.
Ich versuchte den Konflikt aufzuarbeiten
in Zeiten, in denen mein Umfeld
von mir erwartete zu funktionieren,
den Leistungsgedanken endlich zu kapieren.

Dass nur gewinnt,
wer gesund und vital sein kann,
auch wenn sein Körper auf der Strecke bleibt,
dann und wann …

Achte auf deinen Körper
und sein Innenleben,
er möchte dir Glück und Freude geben.
Du solltest ihn achten und pflegen
und ihm nur gutes geben.
Dein Körper hat es verdient,
von dir geliebt zu werden,
denn er begleitet dich
auf deinem ganzen Weg auf Erden.

Ich habe den Konflikt gelöst – fühl mich zufrieden,
jetzt brauch ich nur noch Ruhe,
um wieder all meine Kraft zu kriegen.
Manche Menschen wollen mich jetzt schon
wieder zu Aktivitäten bewegen,
aber ich muss meinen Körper noch pflegen.

Ich gebe mir Zeit,
auch wenn die anderen es nicht verstehen,
denn dann werde ich sehen,
dass ich durch die Krankheit geistig gewachsen bin,
das gibt der Krankheit mitten im Leben Sinn.
Ich schätze und liebe meinen Körper sehr
und möchte, dass es ihm gut geht mehr und mehr.
Mein Körper spiegelt
meine Geisteswelt wieder für mich
und lehrt mich so, meinen Geist zu spüren
im fühlbaren Licht.

# Wahrheitstrost

Lass dich trösten davon,
dass die Wahrheit dein Bestes ist.
Sie ist deiner Natur zu eigen
und möchte mehr und mehr gelebt werden.
Steh auf für die Wahrheit
und verweile nicht länger
in einem gemütlichen Dämmerschlaf
der Unwissenheit.

Denn du weißt,
es ist Zeit für die Wahrheit
und für ihre greifbare Sichtbarkeit.
Wie eine Luftblase im Wasser
nach oben steigt,
so drängt die Wahrheit danach,
sichtbar zu werden.

Dort draußen ist sie schon zu fühlen.
Die Wahrheit wird sich zeigen.
Sei mutig, denn Mut brauchst du dazu.
Es werden Widrigkeiten zu überwinden sein.
Halte durch.

Sei ein Held,
der für die Wahrheit einsteht,
für ein Leben in großzügiger Menschlichkeit,
getragen von der Liebe,
die dich berührt,
wenn du die Wahrheit
tust und sagst und denkst.

Ich glaube an die Wahrheit,
weil sie im Kern
die Liebe zum Leben trägt.
Wenn du die Wahrheit liebst
und für sie einstehst,
wirst du belohnt werden
mit einem wahrhaftig
blühenden Geist
von dir …

und einer Welt,
in der schillernde Lügengebilde
wie Seifenblasen zerplatzen
und im Winde verwehen,
als wär'n sie nie gewesen,

… einer Welt,
in der wir Engel füreinander sind
und uns damit trösten,
dass die einstige Unwahrheit
ein Umweg zu unserer
wahren Mitte war.

Wir hatten uns verfahren
und finden nun
den Weg zum Zentrum wieder.

# Wellenreiter

Ich bin ein Boot auf dem See
und versuche zu verstehen,
dass ich schon immer da war
seit unendlicher Zeit.

Immer bereit
für neue Fahrten
auf den Wellen des Lebens,
von der noch keine
war vergebens.

Ich bin aus lebendigem Holz
und seit jeher stolz
auf meine rote Farbe mit orangen Streifen,
mit einem Segel,
durch das die Winde der Meere pfeifen.

Die Kraft des Universums
bewegt mich immerfort,
so dass ich auch fahre zu jedem Ort,
den ich mir je erträumte
und meine Liebe zum Meer nicht versäumte.

Zwar habe ich auch Schiffbruch
schon mal erlitten,
aber ich war nicht verbittert,
denn ich habe darin eine Chance gewittert.

Von ganz vorne anzufangen
mit meinem Ziel vor Augen –
dass ich ein Boot sein werde,
das seinen Träumen folgt.

Ich habe viele Schiffsfahrten gelebt,
zu denen mich andere haben bewegt.


Erwartungen von außen,

von tief draußen

und ich habe

mich selbst vergessen

und ging fast verloren.


Ich habe mich im Sturm der Zeiten
selbst wieder gefunden.
Ich bin gestrandet in mir
und das wünsche ich auch
von Herzen dir.

# Glückskonsum

Schein sein,
allein sein,
fort sein,
dort sein –
wo die anderen sind
und waren
und wer bist du gewesen?

Keiner oder
Niemand?
Was gibt es dazwischen?

Pause.

Genau,
eine lange Pause.
Und du glaubst glücklich zu sein,
weil du all das hast,
was man zum Glücklichsein
zu brauchen scheint?

„Kannst du mal mitkommen mit mir?
Ich möchte dir was zeigen.
Ich stelle dich jemandem vor,
der dich gern kennen lernen möchte,
aber du gabst ihm
noch nie richtig die Gelegenheit dazu.“

Du bist als Kind in dieser Gesellschaft groß geworden
und hast dich an Vorbildern und Werten orientiert,
die dir vorgegeben wurden.

„Heute zeige ich dir einen Menschen,
der Größe ausstrahlt,
wenn du ihn anschaust;
er könnte dein größtes Vorbild werden."

Unser Weg
führt durch die Straßen der Stadt,
in der du wohnst.
„Sei gespannt –
früher bin ich
vor meinem größten Vorbild davongerannt.
Ich war feige und allein
und konnte nur
in Ausnahmefällen glücklich sein."

Gehen wir und
achten wir
auf den Weg;
er lehrt viel,
wer ihn bewusst geht.

Wir sind am Stadtrand angekommen.
„Wie weit ist es denn noch?",
fragst du mich.
„Wohnt denn dieser Mensch so weit in der Prärie?"
„Ja, es ist noch weit,
aber es lohnt sich."

Aber so viel Weite
und Stille.
Du kannst es nicht ertragen?
Du möchtest am liebsten deinen Kopfhörer aufsetzen,
am Handy angerufen werden,
im Internet surfen,
aber schon gar nicht in dieser
zivilisationslosen Öde herumstreifen
und nach einem Vorbild suchen.
Ob sich das lohnt?
War vielleicht alles verplemperte Zeit?

„Du wirst wütend, habe ich den Eindruck
und ungeduldig.
Was du jetzt in dieser Zeit alles
tun,
sagen,
denken,
kaufen
hättest können sollen dürfen,
konsumieren und studieren,
lesen, inhalieren und verlieren.“

„Ja verlieren, hör zu,
das Gespür zum Leben,
deshalb nahm ich dich doch mit,
weil ich sah, wie ernst es war.
Glaub mir, du wirst froh sein.“

„Sag nicht immer so merkwürdige Dinge“, sagst du.
Ich wäre so anders meinst du.

Deine Augen
schauen
und sehen doch nicht.
Du siehst, was du sehen willst,
nein vielmehr,
was du gelernt hast zu sehen.

„Gleich sind wir da.
Du schwitzt ja.
Bist du aufgeregt?"
„Ja, ein bisschen", meinst du.
„Ich nehme dich an der Hand.
Vertrau mir."

„Der Mensch, dem du begegnest,
ist begeistert, dass du hierher kommst,
um ihn zu sehen."

Wir gehen über steinigen Weg.
Ich hebe einen Stein auf,
der mir besonders gut gefällt
und nehme ihn mit.
„Willst du auch einen mitnehmen?"
„Nein, Steine sind doch tot und langweilig", sagst du.
„Auch sie haben ihre Geschichte wie du.
Glaub mir,
je mehr du alles,
was du durch deine Augen siehst,
auch achtest,
um so mehr
kannst du dich selbst achten."

Wir gehen durch Gebüsch
und kommen zu einem kleinen See.
Ich werfe den Stein ins Wasser.
Der Stein zieht Kreise,
alles verschwimmt.
Ich sage: „Wir sind da!"
„Wie bitte?"
„Wo ist das Haus? Wo wohnt dieser Mensch,
der so besonders ist
und sich über mich freut?
Empfängt er mich am Tümpel!?", sagst du.

„Ja – er erwartet dich schon
sehr lange.
Er hat auf dich gewartet
viele Tage und Nächte.
Es war ihm nicht zu mühsam.
Er hat gewusst, dass du kommst."

„Und wo ist dieser Mensch nun?", fragst du.
„Schau,
dort
im Spiegel."
Du siehst und siehst mehr.
„Du weinst ja."
Es sind Freudentränen.
Es hat sich gelohnt.

# Verträumt

Kennst du mich noch?
Ich weiß,
ich bin
dir schon ziemlich
unbekannt geworden.
Über die Jahre
hast du mich
mehr und mehr
an den Rand gedrängt.

Dabei hat alles
so verträumt schön
begonnen.
Damals,
als du
ein Kind
noch warst,
frei von Ängsten,
voller Lust am Leben,
mutig und verwegen.

Ich war dein bester Freund,
deine beste Freundin.
Wir haben die Sterne bewundert
und nachts heimlich gelesen.
Wir haben Schnee gegessen
und waren schneller als der Wind,
weil wir daran geglaubt haben.

Du hast mich geliebt,
ich war ein Teil von dir.
Wir waren unzertrennlich.
Und ich wusste,
wenn nur genug
Frühjahr-, Winter-,
Herbst- und Sommertage
vorübergehen würden,
frei von Angst
und voller Lebensmut,
wie ich dich kannte,
dann würdest du mich
aufnehmen, wie einen Bruder
und eine Schwester.

Dann habe ich wortlos zusehen müssen,
wie du dich dem Leben gestellt hast.
Die Großen haben dir gesagt, wie man lebt
und sie haben dich gar nicht gefragt,
wer du bist und was du liebst.

„Ja, ich habe das Gefühl, dich zu kennen.
Aus ferner Zeit herüber in mein Leben,
hat sich gewagt ein Freund,
um mir die Hand zu geben.
Hör zu, ich weiß schon gar nicht mehr,
wie du heißt.
Ich wollte immer alles richtig machen.
Ich habe beobachtet,
wie die anderen Menschen leben
und danach habe ich mich gerichtet.“

Stell dir vor,
wie oft ich schon versuchte,
dir wieder nahe zu sein.
Ich habe dich angerufen,
aber es war belegt
und dein Anrufbeantworter war voll.
Dann habe ich dir einen Brief geschickt,
aber er kam zurück,
weil du umgezogen bist –
„Empfänger unter angegebener Anschrift
nicht zu ermitteln" –
ich war am Ende.
Ich dachte,
wir würden uns
nie wieder sehen.
Du lebtest in einer Welt,
in der für mich
kein Platz mehr
zu sein schien.

Aber bitte überlege,
ob du glücklich bist.
Du kannst mich
nicht zurückschicken,
wie ein Paket
und im Regen stehen lassen.
„Wo bist du? Woher kommst du?"
Oh, ich bin von weither, so wie du.

Ich mag dich,
auch wenn du mich
oft vergessen hast
und mich nicht mehr beachtet hast.

Ich glaube daran,
dass du mich wieder findest –
jenseits deiner Ängste
und Erwartungsmauern.

Ich glaube daran,
dass diese Mauern,
die du um dich gebaut hast
und die meine Besuche verhinderten,
einfallen werden,
weil sie schon jetzt
einsturzgefährdet sind.

Ich weiß,
dass du mich tief in deinem Herzen
noch liebst
und an mich denkst.

Deine Gedanken sind andere geworden.
Ich habe dir dazu die nötigen Zufälle
zukommen lassen.
Ich habe einen Menschen
diese Zeilen schreiben lassen,
damit du sie liest,
weil ich es kaum erwarten kann,
wenn wir wieder Wettrennen laufen,
auf deinem Weg zu mir.

In Liebe
Bis Bald

Dein Traum

# Der Türsteher

Ein Haus mit vielen Türen,
es stand so lange leer,
hat heute er betreten
und sehnt sich so nach mehr.

Er lief von Tür zu Tür,
hetzte, rannte
von einem Schlüsselloch
zum nächsten,
durch das er spähte
wie ein Spion.

Er sah Ausschnitte,
aber er ging nie durch eine Tür,
bis ihn durch ein Schlüsselloch
direkt jemand anschaute.

Sie öffnete die Türe
und bat ihn herein,
um bei ihr Gast zu sein.

Komm lass uns reden
über dich allein,
es könnte sehr entscheidend
für dich sein.

Du bist im Haus
mit den vielen Türen gelandet,
in dem all jener strandet,
der sich im Alltag verliert.

Alle Türen stehen dir offen,
doch bedenke,
dass du nicht gleichzeitig
durch alle hindurch kannst.

Das kenne ich aus deinem Alltag.
Ganz viele Türen sind offen.

Da hat ein Kind eine Türe geknallt,
du hast es zu lange warten lassen.
Du sagtest: „Ich komm gleich."

Eine Türe quietscht,
öle sie mit Humor.

Eine Türe ist offen,
ständig kommt dadurch etwas herein.
„Ach tu mir bitte einen Gefallen,
nur dieses Mal.
Ich dachte immer,
auf dich könnte ich mich verlassen."

Eine Tür ist aus den Angeln,
an der nächsten fehlt der Griff.
Du sitzt da,
manchmal verzagt,
so dass es niemand mehr wagt.
Einige Türen sind jetzt zu.

Stell dir vor,
du hast nur eine Wahl,
du sitzt in einem Saal
ohne Türen
und die Gedanken fangen an,
dich zu berühren.

Du bist allein in diesem Saal
und hast auf einmal
dich selbst als Gast bei dir.
Glaube mir –
es gibt tausenderlei Türen …
kleine, bunte, schmale, breite.

Doch wer alle öffnet sie,
ist nirgendwo daheim.

Wähle gut,
geh' hindurch,
wage etwas,
sei daheim!

# Gauklervorstellung

Bleibst du oder gehst du?
Fühlst du oder lebst du?
Eilst du oder stehst du?
Verweilst du?
Und horchst,
was ich schreib'?

Ein Bild aus unzähligen Farben,
gemalt in Pinselstrichen voll Freude,
lachend,
weinend,
schaut dich an,
hüpft und kann so ausgelassen sein;
gelassen im Vertrauen,
alleingelassen.

Es ist ein Ozean,
dessen Grund du nie
ganz und gar entdecken kannst,
weit und klar,
tosend, schimmernd,
seinen Grund darfst du nur erahnen.
Sei wie ein Fischer auf dem See.
Versuche ihm nahe zu sein.
Achtung und Wertschätzung
wären dir dabei gute Freunde.
Schau zu
und du kannst viel lernen.

Eine Pflanze, die wirklich nie vergeht,
sich nach deiner Nähe sehnt,
streckt ihre Blüten empor,
entdeckt ihren Rhythmus,
wächst und formt sich zur Pracht.

Wie ein Gaukler,
der die Menschen erfreut,
so ist es auch.
Lustig und anders,
widerlegt die Statistik der Institute,
geht neue Wege und ruft und singt.

Du bist nervös
im Angesicht dieser Größe.
Kann ich verstehen.
Ungewohnt und neu
sind die Bilder,
sie verunsichern dich.

Je mehr wir es lieben und schätzen,
umso schöner wird unsere Welt.
Hör ihnen zu den Gauklern,
sie wünschen dich zu verzaubern.
Schau sie an die Bilder,
sie wollen dich mit Farbe berühren.
Gib den Pflanzen Raum zu wachsen
und dem Ozean die Gelegenheit,
dich zu erfüllen mit der Lebensfreude,
die es in sich trägt,
das KIND.

# Mein Interview

Irgendwo in der Innenstadt,
zwischen Hochhäusern
und Passanten
mit Einkaufstüten voller Konsum,
eile ich umher
und freue mich sehr.
Ich glaube,
dass ich viele Menschen
gedanklich berühren darf.

Ich geh so vor mich hin,
mein Blick streift die vielen Menschen.
Alle auf der Suche,
oder auf der Flucht?
Vor sich selbst?

„Entschuldigen Sie!“
Wofür entschuldigen?
„Haben Sie einen Moment Zeit?“
„Naja, huch - schon vorbei der Moment.
Wer sind sie?“
„Ich befrage Menschen für Statistiken,
also fangen wir an, ähm erste Frage…“

„Halt, ich habe nicht gefragt, was Sie
hier tun, sondern wer Sie sind.“
„Das hat mich ja noch nie jemand gefragt.“

„Aber Sie müssten doch auch jemand sein."
„Oh ja, ähm, inmitten dieser ganzen
Fragen, bin ich mir schon gar nicht mehr
sicher, wer ich eigentlich bin.
Ich glaube, dass ich schon fast verloren bin."

„Aber nun die erste Frage, genug der
Neugierigkeiten.
Ich bin der, der hier die Fragen stellt.
Sind Sie nur zufällig hierher gekommen,
sozusagen spontan,
oder eher terminlich geplant?"
„Es hat sich so ereignet."
„Spontan oder terminlich?"
„Ich hatte einen Termin mit mir selbst."
„Das gibt es hier nicht zum Ankreuzen."
„Interessiert Sie das wirklich?"
„Nein, aber die Leute interessiert es!"
„So so."

„Erste Frage nicht verwertbar, nun die zweite:
Stellen Sie sich auch manchmal vor,
reicher zu sein?"
„Ja, reicher an Zufriedenheit und Geduld."
„Wie bitte?"
„Ja, Sie haben richtig gehört."

„Oh mein Gott, Sie sind echt nicht leicht zu befragen."
„Naja, irgendjemand muss ja wohl
die Statistik verzerren."
„Ja, so scheint es mir.
Also wenn es Ihnen nichts ausmacht,
würde ich diese erste Seite lieber nicht einreichen,
das ist ja gar nicht brauchbar.

Und Sie weiterzubefragen,
hat glaube ich auch keinen Sinn."
„Schade, Statistiken sind wohl doch sehr unreal,
wie ich immer glaubte zu erahnen."
„Nein, da täuschen Sie sich,
aber die meisten Menschen,
geben wenigstens richtige Antworten,
mit denen ich etwas anfangen kann."

„Das ist Ihre Ansicht,
ich zähle wohl nicht zu den meisten Menschen,
sondern zu den wenigen,
denen die Wahrheit etwas bedeutet."

„Also trotzdem Danke,
Sie sind schon ein sonderlicher Mensch.
Auf Wiedersehen."
Seine Augen waren feucht.
„Auf Wiedersehen und viel Glück in Ihrem Leben!"

Einen Monat später las ich in der Zeitung:
„Engagierter und sehr erfolgreicher Journalist für
Statistikmanagement kündigte seinen Dienst
bei einer einflussreichen Presseagentur.
Seine Mitarbeiter und Vorgesetzten seien empört.
Er könne nicht mehr dieses Versteckspiel spielen,
wurde er zitiert. Er wolle einfach leben."

# Mustergültig

Gewidmet
dem immer stärker werdenden Alltagsstress
durch den Druck der grauen Farbmacht.


Ruhe, unangenehme Ruhe.
Stille, bis zum Anschlag.
Da, was hast du gemacht!
Wie konnte das passieren!

Ich kann nichts sagen.
Mein Mund schweigt
und das Adrenalin steigt.
Ich erstarre vor Schreck.
Meine Augen blicken verstört.
Sie schauen durch die Dinge hindurch.

In mir stürze ich in eine Leere.
Ich klammere mich fest
an einem Abhang.
Unter mir, wenn ich falle,
immense Selbstvorwürfe,
Zweifel und Wut.
Über mir ist so weit weg.

Wie konnte mir dieser Fehler passieren?
Ich konnte doch alles abschätzen,
aber ich habe mich verschätzt, vergessen, vergebens.

Wie konnte! Konnte! Konnte!
Die Vorwürfe dröhnen aus meiner Leere,
lauter und immer lauter.
Sie verfolgen mich.

Und ich falle
in die grenzenlose Leere.
Angekommen schon fast und nass von Tränen
klammere ich mich an den Mut
und erzähle dir davon.

Du sagtest: „Wie konnten sie dir so weh tun?“
„Es kam so unvorbereitet“, antwortete ich.
„Aber es war doch nur ein Versehen“, sagtest du.
„Ich habe mustergültig versagt“, entgegnete ich.
„Du bist zu streng mit dir.“
„Halte mich“, sagte ich,
„halte mich, damit ich nicht tiefer
in die Leere stürze.“
„Dein Herz ist groß“, sagtest du,
„die Selbstzweifel sind weit,
es ist an der Zeit,
dass du dir deines bewahrst,
dein Achtungsgefühl vor dir selbst.“

„Auch wenn dich andere in Unsicherheit
zwängen möchten, wollen, wünschen.
Bleibe standhaft!
Blick der Alltagsniederlage ins Auge
und sie verblasst.“

Dann gingen sie fort und hielten ihr Wort. Verzeih!

# Die graue Farbmacht

Prüft uns,
verrät uns,
zeigt uns den Weg
ins Grau.
Dort,
wo du untergehst,
in der systematischen,
grauen Masse.

Wehr dich,
solange du noch kannst.
Einst waren die Farben leuchtend
und ehrlich, glanzvoll und stark.
Jede auf ihre Weise.

Doch da mischte sich
im wahrsten Sinne des Wortes
die graue Farbmacht
unter das Volk
und spielte die Farben
gegeneinander aus.

Das Ziel: Grau.
Bloßes, nacktes Einheitsgrau.
Besser kontrollierbar
als lebendige Farben …

Ein bisschen trostlos zwar
zugegeben - aber praktisch.
Sieh das doch ein!
Dröhnt es von überall!

Sieh dich vor und wahre
deinen Charakter,
die Farben
deiner Ideale und Wünsche,
damit sie nicht eintauchen
in das Grau,
verschwommen
nur noch sichtbar sind,
zerrinnen in der grauen Masse.

Die graue Farbmacht meint,
ihr Grau wäre doch lebendig
und lebenswert,
gesichert von A bis Z,
versichert bis in jede Grauschattierung,
millionenschwer versichert …
ach, was sage ich …
milliardenschwer
oder noch mehr.

Das Grau saugt.
Es droht nicht nur die puren Farben
des Lebens zu mischen, nein,
es ist auch noch so dreist,
dass es sich als mächtig erweist.
Es nimmt den Farben ihre Leuchtkraft
und lässt sie gegeneinander kämpfen
und hält vor,
so doch nur die Konflikte zu dämpfen.

Aber was passiert genau?
Noch mehr Grau entsteht,
bis keine der kämpfenden Farben mehr versteht,
warum sie gegeneinander gerichtet waren.

Der Grund des fiesen Farbenspiels
war als unbekannt gemeldet,
verschollen in den Wirren der grauen Farbmacht.
Die Gründe sind grau und kalt,
schwer und so gänzlich leer.

Es geht um Geld,
um Erweiterung der Macht,
alles soll Grau werden …
vernetzt bis ins Detail,
jede Sekunde überwacht,
bis die Welt aufwacht.

Noch gibt es die Farben,
täglich werden neue geboren.
Schützt sie vor der grauen Farbmacht.
Sie ist tückisch und undurchsichtig.
Wie Nebel versucht sie euch zu umhüllen.
Sie versucht euch zu betören, zu locken.

Schütze dein Unterbewusstsein
vor systematischer Manipulation.
Ich spüre, dass eine Zeit kommt,
die bereits anbricht,
in der die Farben
wieder ihre Bedeutung gewinnen.

Sie werden sich aus dem Grau lösen
und das Grau wird zerfließen und schwinden.
Die Farben werden Mut beweisen
und die Erde zum Leuchten bringen.
Wenn die graue Farbmacht vergeht,
ist die Welt wieder ein besserer Ort.

Ein Ort für Liebe und Frieden,
ein Ort für Menschen, die leben dürfen.
Finde deine Farbenquelle in dir
und glaube an dich.

Schau nach draußen.
Schenk der Welt deine Farbe.
Lehre sie deine Weisheiten,
denn jede Farbe hat etwas beizutragen.

Gemeinsam malen wir ein Bild –
unsere Zukunft.
Folge deinem Herzen
und sie wird Gegenwart.

# Nachwort

Einst wurde im Universum
ein Wettbewerb verkündet,
der einzigartig war.
Jedes Lebewesen sollte,
wenn es wollte,
daran teilnehmen
und einbezogen werden
in die Bewertung.
Preisfrage war,
den treffendsten
Namen zu finden,
für all das, was du siehst,
hörst, riechst und schmeckst,
spürst, schreibst, …
vom Sonnenaufgang bis zum -untergang,
von der Tiefe des Meeres
bis in die Höhe des Himmels,
in die Weite deines Herzens
und entlang der Spur des Windes,
von der Lebendigkeit harter Steine
bis zur Unzählbarkeit der Sterne.
Es wurde noch nie in der
Geschichte des Universums
ein Wettbewerb mit solch
großer Beteiligung verzeichnet …
und deshalb
dauert die
Auswertung noch an …

Mein Lösungsversuch ist in den Gedankenspielen spürbar. Diese sind chronologisch in der Reihenfolge entstanden, wie sie im Inhaltsverzeichnis namentlich vorgestellt werden. So spiegelt die Aneinanderreihung auch meine schriftstellerische Entwicklung wieder.

Die Gedankenspiele möchten sich in meinem Namen bei Gustl Bauer bedanken, der mich ermutigte und in meinem Vorhaben bestärkte, die Gedankenspiele in die Freiheit zu entsenden. Sonst wären sie wahrscheinlich noch bei mir zuhause im Buchstabengarten.

Dankeschön auch an dich liebe Leserin / lieber Leser, dafür, dass du die reiselustigen Gedankenspiele bei dir aufgenommen hast und sie einkehren hast lassen in deine Gedankenwelt. Vielleicht gelang es einigen Gedankenspielen, dich geistig zu berühren und dich daran zu erinnern, wer du bist.

Denke an deine Träume.

Geh hinaus
und rette die Welt
mit deinem Sein.

Josefa Weindl